108 Pensieri di Amma sulla Beatitudine

Mata Amritanandamayi Center, San Ramon
California, Stati Uniti

108 Pensieri di Amma sulla Beatitudine

Pubblicato da:
    Mata Amritanandamayi Center
    P.O. Box 613
    San Ramon, CA 94583
    Stati Uniti

——————— 108 Quotes on Bliss (Italian) ———————

Copyright © 2018 Mata Amritanandamayi Center, P.O. Box 613 San Ramon, CA 94583, Stati Uniti

Tutti i diritti riservati. Ogni riproduzione, archiviazione, traduzione o diffusione, totale o parziale, della presente pubblicazione, con qualsiasi mezzo, con qualsiasi scopo e nei confronti di chiunque, è vietata senza il consenso scritto dell'editore.

Prima edizione: 2018

In Italia:
    www.amma-italia.it
    amma-italia@amma-italia.it

In India:
    inform@amritapuri.org
    www.amritapuri.org

1

Figli, noi siamo la luce del Divino, l'Atman (il vero Sé) eternamente libero, infinito e immerso nella beatitudine. Procedete con innocenza, fede e perseveranza e scoprirete in voi la beatitudine del Sé.

2

Il Divino è presente in ognuno di noi, in tutti gli esseri viventi e in tutte le cose. Come lo spazio, Dio è ovunque, pervade ogni cosa, è onnipotente e onnisciente. Dio è il principio della vita, la luce interiore della coscienza, pura consapevolezza e pura beatitudine. È il vostro vero Sé. Contemplando la natura del Sé, capirete il segreto della beatitudine. Quando le onde della mente cesseranno, vi accorgerete che tutto quello che cercate è già in voi.

3

Ogni volta che sentite l'ispirazione e avete tempo, sedetevi in solitudine e cercate di visualizzare ogni cosa come pura luce, coscienza e beatitudine.

4

È bene che gli aspiranti spirituali trascorrano un po' di tempo guardando il cielo. Contemplando la sua vastità, cercate di fondervi in quell'immensità senza forma in cui tutto è beatitudine.

5

Rivolgete lo sguardo all'interno, osservate i vostri pensieri e risalite alla loro origine. Abbiate sempre la ferma convinzione che "la mia natura è Sat-Cit-Ananda, pura Esistenza-Coscienza-Beatitudine".

6

Lo scopo di questa nascita umana è realizzare la nostra vera natura, la felicità infinita. Non sprecate la preziosa opportunità di trovare il vostro vero Sé, la beatitudine eterna, rincorrendo gioie fugaci.

7

Il cervo muschiato cerca dappertutto da dove origina la fragranza del muschio ma, per quanto a lungo si sforzi, non potrà mai trovarla perché questo profumo proviene dal suo stesso corpo. Allo stesso modo, non è possibile trovare la beatitudine all'esterno perché essa è dentro di noi. Se riflettiamo profondamente su questa verità e sviluppiamo abbastanza distacco, la mente smetterà d'inseguire i piaceri del mondo.

8

Se siamo capaci di rinunciare al senso dell'io e del mio, non ci sarà più dolore e gusteremo la beatitudine infinita che è dentro di noi. Per riuscirci, dobbiamo abbandonare il senso dell'io, la nostra individualità. La felicità è in ognuno di noi, ma non siamo in grado di farne l'esperienza a causa delle nostre attrazioni e avversioni generate dall'ego.

9

Figli, la nostra vera natura è la beatitudine, non il dolore. Purtroppo ci è accaduto qualcosa che ha messo tutto sottosopra. La gioia è diventata una stranezza, mentre la sofferenza è considerata normale. Potremo raggiungere la vera beatitudine soltanto quando impareremo a distinguere l'eterno dall'effimero.

10

Siamo tutti alla ricerca della beatitudine eterna, ma non la otterremo da oggetti effimeri. Se cerchiamo la felicità nelle cose terrene, come potremo mai conseguire la beatitudine che non appartiene a questo mondo?

11

La felicità che ci procura il mondo esterno è passeggera e non dura mai a lungo: c'è per un momento e subito dopo non c'è più. Tuttavia, la felicità spirituale è diversa; quando arriveremo alla svolta finale, vale a dire una volta che abbiamo trasceso le limitazioni del corpo, della mente e dell'intelletto, la nostra beatitudine sarà eterna e infinita. Quando giungerete a quest'ultimo stadio, non potrete più tornare indietro.

12

Un uomo, a carponi davanti all'ingresso di casa sua, era intento a cercare qualcosa: "Cosa stai cercando?" gli chiese il vicino.

"La mia chiave" rispose l'uomo, disperato.

Il vicino s'inginocchiò e si mise anche lui alla ricerca. Dopo un po', chiese: "Dove l'hai persa?"

"In casa".

"Santo cielo", esclamò il vicino, "ma allora perché la cerchi qui?"

"Perché qui c'è più luce".

Allo stesso modo, la felicità è dentro di voi, ma la state cercando all'esterno.

13

Se cercate d'inseguire la felicità, essa vi sfuggirà perché il fatto stesso di cercarla crea insoddisfazione e agitazione interiore. Una mente irrequieta è una mente infelice. La vostra ricerca della felicità è sempre proiettata nel futuro, non è mai nel presente. Il futuro è all'esterno, il presente è dentro di noi. La beatitudine vi aspetta dentro di voi.

14

Nell'ansia di trovare la felicità, create un inferno nella vostra mente. Dopotutto, cos'è la mente? L'accumulo di tutta la vostra infelicità, negatività e insoddisfazione. La mente è l'ego e l'ego non può essere felice. Come trovare la felicità con una mente simile? Più cercate, più sarete infelici. La felicità appare solo quando la mente e i suoi pensieri egocentrici scompaiono.

15

La felicità viene da dentro. Quando un cane rosicchia un osso, pensa che l'energia che gli procura il sangue che esce dalle sue stesse gengive venga dall'osso. Anche noi ci inganniamo quando attribuiamo ad un oggetto esterno la felicità che proviene da dentro di noi.

16

Abbiamo sempre pensato che il corpo e la mente fossero reali e crederlo ci ha fatto soffrire. Adesso cerchiamo di cambiare la nostra visione delle cose: solo l'Atman è reale ed eterno ed è ciò che vogliamo realizzare. Se questo pensiero si radica profondamente nella nostra coscienza, le nostre afflizioni scompariranno e proveremo solo beatitudine.

17

Per assaporare la vera pace e la vera felicità, bisogna trascendere la mente e i suoi desideri. Per quanto vi sforziate, non potrete gustare la beatitudine del Sé se cercate allo stesso tempo la felicità nel mondo. Se mangiate del payasam (budino di riso dolce) da un recipiente che prima conteneva del tamarindo, come potrete sentire il vero sapore del payasam?

18

La vera felicità proviene dalla dissoluzione della mente, non dagli oggetti esterni. Attraverso la meditazione possiamo ottenere tutto: beatitudine, salute, forza, pace, intelligenza e vitalità.

19

Senza la mente, il mondo non esiste. Finché avrete una mente esisteranno i nomi e le forme. Quando la mente scompare non rimane più nulla, e in questo stato non ci sono né sonno né veglia. Non siete più consapevoli di nessuna esistenza oggettiva: esistono soltanto tranquillità, beatitudine e pace assoluta.

20

Se continuate a strofinarvi vigorosamente gli occhi dopo che vi è entrata della polvere, non farete che aumentare il dolore e l'irritazione. Rimuovete i granelli di polvere e starete bene. Allo stesso modo, la mente è come della polvere negli occhi: è un corpo estraneo. Imparate a liberarvene e conseguirete la perfezione, la beatitudine e la felicità.

21

Il nostro problema è che ci identifichiamo con gli umori della mente. Quando siamo in collera diventiamo la collera e lo stesso accade con la paura, l'eccitazione, l'ansia, il dolore e la felicità. Diventiamo un tutt'uno con le nostre emozioni, positive o negative che siano. Ci identifichiamo con la maschera, ma in realtà non siamo nessuno di questi stati d'animo. La nostra vera natura è beatitudine.

22

Sta a noi scegliere tra una felicità passeggera, che culminerà in un'infelicità e un dolore senza fine, e una sofferenza temporanea che lascerà il posto a una pace che rimarrà per sempre.

23

Figli, il dolore nasce dal desiderio. Anche prima della creazione, Dio ci aveva avvertiti: "Se seguite questo cammino, sarete sempre beati. Se scegliete l'altra direzione, andrete incontro alla sofferenza". Figli, disobbedendo a queste parole, siete caduti in un fosso e ora dite di esservi stati spinti. Dio ci ha indicato entrambi i cammini. Sta a noi decidere.

24

La differenza che c'è tra la beatitudine spirituale e la felicità materiale è simile alla differenza tra l'acqua di un fiume e quella di un fosso. Potete dissetarvi bevendo l'acqua del fosso, ma subito dopo vi ammalerete. Se invece bevete l'acqua del fiume, vi disseterete senza ammalarvi.

25

Se i desideri potessero portarci alla vera felicità, avremmo già raggiunto la beatitudine della liberazione molto tempo fa. La vita materiale dipende interamente dagli organi sensoriali e sprechiamo tutta la nostra energia indulgendo nei piaceri dei sensi. Tutti i piaceri del mondo, qualunque essi siano, finiranno col trasformarsi in sofferenza.

26

Immaginate di essere affamati e di mangiare solo peperoncini piccanti perché vi piacciono: avrete la bocca in fiamme e così pure lo stomaco. Volevate placare la fame, ma ora dovete sopportare il dolore. Allo stesso modo, se la vostra felicità si basa solo su fattori esterni, la sofferenza sarà inevitabile.

27

Non sono gli oggetti esterni a darci la beatitudine. Possiamo conseguire questo stato attraverso la concentrazione, quando gli organi di senso diventano tutt'uno con la mente. Perciò, se desiderate la beatitudine, cercate di acquisire la capacità di concentrarvi.

28

Se la felicità deriva dalla concentrazione, ne consegue che essa non dipende da nessun oggetto. Concentrarsi su oggetti effimeri procura una felicità momentanea. Riuscite a immaginare l'intensità della beatitudine che assaporerete se vi concentrate sul Signore, dimora eterna di ogni gloria?

29

Figli, gustate la beatitudine che scaturisce da una perfetta concentrazione su Dio. Se agite abbandonando a Lui la mente, la beatitudine sarà vostra per sempre e anche gli eventi normalmente dolorosi diverranno momenti di gioia.

30

Quando realizzerete Dio, dimorerete per sempre nella beatitudine suprema perché la natura di Dio è pura beatitudine. Dio non è né felicità né tristezza. La felicità è relativa, mentre invece la beatitudine è assoluta. La felicità e l'infelicità appartengono al mondo. Dio è la beatitudine al di là di ogni dualità.

31

Se desiderate una beatitudine eterna potete seguire il sentiero che porta a Dio, ma è un cammino che richiede un grande impegno. Se invece volete solo ottenere una felicità passeggera, imboccate pure la via del mondo. Per fruire delle cose create da Dio e che appartengono a Lui basta un piccolo sforzo, molto minore dell'impegno necessario per fare esperienza della beatitudine divina.

32

Quando indulgete nei piaceri dei sensi provate una certa felicità, non è vero? Se non riuscite a tenere a freno questo impulso non potrete raggiungere il piano più elevato della beatitudine spirituale. Se adesso non siete in grado di controllare i desideri, in seguito saranno loro a controllarvi.

33

Quando avrete accolto il Signore dentro di voi, ci sarà solo beatitudine, non soltanto all'interno ma anche all'esterno. Assaporerete la vera beatitudine e non il mero riflesso della felicità che ci procurano gli oggetti esterni; tuttavia, per conseguire questa beatitudine, bisogna rinunciare alla cosiddetta "felicità".

34

Rinunciate a qualcosa e siate contenti di averlo fatto. Dimenticate che un tempo quell'oggetto vi apparteneva. Anche ritenere di aver perso qualcosa è sbagliato. Ignorate questo pensiero e sentitevi a vostro agio, rilassati. Prendete coscienza che adesso siete liberi, liberi da quel fardello. Quell'oggetto era un peso che ormai non c'è più. Solo quando si sente il peso dell'attaccamento è possibile provare il rilassamento e la beatitudine che nascono dal distacco e dalla rinuncia.

35

Il vero ricco è chi non perde mai il sorriso, neanche nella sofferenza: il dolore non può farlo piangere e non ha bisogno della felicità per gioire. La beatitudine è la sua natura e la sua felicità non dipende da oggetti o avvenimenti esterni. Una persona che possiede molte ricchezze può essere un miserabile se perde il tesoro inestimabile della pace e dell'appagamento interiore.

36

La prosperità materiale non può dare la beatitudine eterna ma solo una felicità passeggera. A questo punto ci si potrebbe chiedere: "Ma come possiamo vivere senza denaro? Dobbiamo rinunciare alle nostre ricchezze?" La Madre non dice che è necessario abbandonare ciò che si ha. Se avete capito qual è il vero posto dei vostri averi, la beatitudine e la pace diverranno la vostra ricchezza.

37

Il problema non è il mondo. Il problema è nella mente. Siate vigili e vedrete le cose con maggiore chiarezza. La vigilanza vi farà acquisire uno sguardo e una mente così penetranti che non potrete più cadere nell'illusione e a poco a poco vi avvicinerete alla vostra vera natura, la beatitudine del Sé.

38

Essere soddisfatti nel proprio Sé, dal Sé e per il Sé è quello che s'intende quando si parla di solitudine interiore. Tutte le pratiche spirituali hanno lo scopo di portarvi a questa esperienza di solitudine interiore o di completa concentrazione della mente. A dire il vero, per essere felici non abbiamo bisogno di nessun oggetto esterno. Dovremmo diventare indipendenti, dipendere unicamente dal nostro Sé, la fonte stessa di ogni beatitudine.

39

Anche per godere appieno i piaceri del mondo è necessario che la mente sia tranquilla. Per questo, figli miei, la mente dovrebbe essere "climatizzata". Chi ha una mente climatizzata può assaporare la beatitudine ovunque e in qualunque momento. Questo è l'obiettivo da raggiungere. La beatitudine non proviene dalla ricchezza o da altre cose. La mente è la fonte della beatitudine.

40

Comprendete questa grande verità: la felicità che ci procurano i piaceri del mondo non è che un minuscolo riflesso dell'infinita beatitudine che scaturisce dal nostro Sé.

41

Prima di seminare bisogna preparare il terreno, togliendo l'erba ed estirpando le erbacce, altrimenti i semi faranno fatica a germogliare. Allo stesso modo, possiamo godere della beatitudine del Sé solo se rimuoviamo dalla mente ogni fattore esterno e la dirigiamo verso Dio.

42

Amma vorrebbe che tutti si impegnassero a fondo per raggiungere la beatitudine spirituale e non sprecassero tempo oziando in nome della spiritualità. Le persone vanno da Amma per motivi diversi, ma lei fa in modo che, in una maniera o nell'altra, tutti si ricordino di Dio.

43

Attualmente, Dio è l'ultima delle nostre priorità, mentre dovrebbe essere la prima. Se mettiamo il Divino in cima al nostro elenco, ogni cosa andrà al suo posto. Una volta che Lui è nella nostra vita, tutto verrà da sé. Se però abbracciamo il mondo, Dio non potrà abbracciarci. All'inizio, sarà difficile accogliere Dio dentro di noi, ma se perseveriamo, questa nostra scelta ci porterà alla beatitudine e alla felicità eterna.

44

Il vero guadagno viene solo dal Sé. Soltanto l'indagine sul Sé ha un valore eterno e dona la pace. Dovremmo realizzare che "Esso" è la vera beatitudine. Quale felicità può esserci nel preoccuparsi per le più piccole cose del mondo? Procedete nella vita pensando che ogni cosa accade per Suo volere. Così facendo, troverete la pace.

45

Non serve prendersela con la sorte per quello che ci accade nella vita perché ogni cosa è il risultato delle nostre azioni. Sentitevi in pace e svolgete il vostro compito nel presente per costruire un futuro felice e pieno di beatitudine. Agite nel modo giusto e con sincerità e, se qualcosa va storto, pensate che si tratta del vostro karma, del destino o della volontà di Dio.

46

Rivolgetevi alla mente e parlatele in questo modo: "Mente, perché desideri così tanto queste cose inutili? Credi ancora che ti renderanno felice e appagata? Non è così. Sappi che disperderanno soltanto la tua energia e ti causeranno solo inquietudine ed estrema tensione. Mente, smetti di vagabondare e torna alla tua sorgente, alla beatitudine, e riposa in pace".

47

Come ogni altra decisione, anche la felicità è una decisione. Dovremmo prendere questa ferma risoluzione: "Qualunque cosa accada, sarò felice. Sono coraggioso e non sono solo, Dio è con me".

48

In tutto il mondo, un'infinità di tecniche cercano di venderci la felicità. Per invogliarci a comprare, usano slogan pubblicitari del tipo: "Come realizzare i desideri del vostro cuore in dieci facili mosse". Peccato però che, tranne il ricercatore spirituale, nessuno riesce a trovare la strada giusta. Non c'è nessun posto al mondo in cui sia possibile imparare a lasciar andare l'ego, gli attaccamenti, la collera, la paura e tutti gli ostacoli che ci impediscono di ottenere e vivere l'amore puro, la pace perfetta e la beatitudine suprema.

49

La felicità dei miei figli è il nutrimento di Amma. La felicità di Amma è vedere che avete trovato in voi la beatitudine. Amma è triste quando vi vede dipendere dagli oggetti esterni perché questa dipendenza vi farà soffrire in futuro.

50

Lo scopo della Madre è aiutarvi a raggiungere il piano più alto dell'esperienza e scoprire così chi siete veramente. Questo è anche l'obiettivo delle pratiche ascetiche, o tapas. Poiché la beatitudine spirituale è di gran lunga la più grande di tutte le gioie, l'intensità delle pratiche ascetiche necessarie, il prezzo da pagare per conseguirla, è quindi molto elevato. Dovete dedicare tutta la vostra vita a raggiungere questo scopo.

51

Versate lacrime struggendovi per Dio e pregate così: "Signore, Ti prego, lascia che io Ti veda. Tu sei la mia vita, Tu sei l'Eterno. Mente, perché corri dietro a cose sciocche e insignificanti? Non ti potranno mai dare la felicità a cui aspiri. Non è questo ciò che ti ho chiesto di cercare". Pregare Dio e interrogare la mente produrrà una graduale trasformazione interiore.

52

Gli esseri umani tendono ad aggrapparsi a qualsiasi cosa, persino all'universo intero; non vogliono lasciar andare nulla. L'amore puro richiede enorme spirito di sacrificio. In alcuni momenti può essere molto doloroso, ma l'amore puro culmina sempre nella beatitudine eterna.

53

Per poter raggiungere l'amore puro e la suprema forma di beatitudine si deve passare attraverso un processo di purificazione. La purificazione scalda la mente al fine di rimuovere ogni forma di impurità e questo processo comporta inevitabilmente della sofferenza.

54

Mentre la fugace felicità che vi dà il mondo vi condurrà alla fine a una tristezza infinita, la sofferenza spirituale vi eleva fino alla dimora della beatitudine e della pace eterna.

55

La pace interiore segue sempre la scia del dolore. Per raggiungere uno stato di gioia, devi avere prima provato dolore. Un dolore iniziale seguito da una felicità duratura è molto meglio di una felicità iniziale seguita da un dolore che dura nel tempo. Il dolore fa parte della vita: senza aver sofferto in qualche modo, non potrete fare veramente l'esperienza della pace e della felicità duratura.

56

Dopo aver iniziato ad agire, il Maestro non vi lascerà andare via, così come nessun chirurgo lascerebbe andare un paziente nel mezzo di un intervento. L'operazione chirurgica eseguita dal Satguru non è troppo dolorosa, se paragonata allo stadio avanzato della vostra malattia e in relazione alla beatitudine suprema e agli altri benefici che otterrete. Poiché il vero Maestro è uno con Dio, il Suo traboccante amore e la Sua compassione allevieranno il dolore.

57

Il Maestro non infligge dolore ma lo rimuove. Il suo scopo non è dare un sollievo temporaneo ma una guarigione definitiva. Eppure, per qualche strano motivo, molte persone desiderano conservare le proprie sofferenze. Anche se la Beatitudine suprema è la nostra vera natura, sembra che, nel loro stato mentale attuale, gli esseri umani amino il dolore come se fosse diventato parte integrante di loro stessi.

58

All'inizio, il dolore è il prezzo da pagare per poter gustare la felicità. Anche nella vita materiale, l'intensità del dolore o dei sacrifici che dovete affrontare è proporzionale alla felicità desiderata. La felicità che si trova nella beatitudine spirituale è la più alta e la più duratura e quindi ha un costo molto alto. Per ottenerla, è necessario rinunciare agli oggetti che ci procurano un piacere meno elevato.

59

Anche se nel mondo tutti ci amassero, persino allora non proveremmo neppure un'infinitesima parte della beatitudine che riceviamo dall'amore di Dio.

60

Proprio come il fiore cade quando i frutti cominciano a crescere, così i desideri per le cose del mondo svaniscono quando matura il distacco; a quel punto, nessun desiderio ci può più incatenare, sia che viviamo nella nostra casa o nella foresta. Chi aspira a realizzare Dio non accorda nessuna importanza a tutto il resto perché ha capito che tutto ciò che è materiale è effimero e che la vera beatitudine si trova dentro di lui.

61

Gli attaccamenti irragionevoli che ci legano al mondo sono dovuti a una comprensione errata delle cose e ci portano a vivere in una forma d'incoscienza anche se respiriamo e ci muoviamo. Se abbandoniamo questi attaccamenti, tutto nella vita, persino la morte, può diventare un'esperienza piena di beatitudine.

62

Vairagya, il distacco, è la rinuncia alle cose del mondo basata sulla comprensione che "Tutta la gioia proveniente dagli oggetti esterni è passeggera e più tardi si trasformerà in sofferenza. La felicità che proviene dalle cose terrene non è duratura ma effimera e, quindi, irreale". Tuttavia, per assaporare la vera felicità non basta rinunciare alle cose illusorie del mondo, dobbiamo anche conseguire ciò che è reale. L'amore ci aiuterà a raggiungere questo scopo. L'amore è la via che porta alla beatitudine eterna.

63

Pensate che la felicità sia frutto del distacco? No, la felicità nasce dall'Amore supremo. Ciò che occorre per realizzare il Sé o Dio è l'Amore. Solo l'Amore vi permetterà di fare l'esperienza del completo distacco e della beatitudine.

64

Chi vuole soltanto realizzare Dio non si cura del passato o del futuro e desidera vivere nel momento presente perché è qui che si trova Dio. Nel presente è possibile fare l'esperienza della pace e della beatitudine assolute. Dimorando nel "qui e ora", è possibile acquisire una perfetta calma e quiete interiore.

65

Svolgete il vostro compito e adempite ai vostri doveri con tutto il cuore. Cercate di lavorare con un atteggiamento altruista e amorevole. Mettete tutti voi stessi in quello che fate e in tal modo percepirete bellezza e amore in ogni vostra azione. L'amore e la bellezza sono dentro di voi. Cercate di esprimerli attraverso le vostre azioni e toccherete sicuramente la sorgente stessa della beatitudine.

66

Prendere rifugio in Dio purifica il cuore, e con un cuore puro possiamo gustare costantemente la beatitudine. Arrendersi a Dio porta la pace. Eppure, nelle nostre pratiche di culto tendiamo a onorare Dio come se fosse Lui ad avere bisogno di qualcosa!

67

È possibile condurre una vita spirituale e al tempo stesso avere una famiglia. Se la vostra mente è sempre assorta in Dio, sarete in grado di assaporare la beatitudine del Sé. Quando mamma uccello si allontana dal nido in cerca di cibo, non smette mai di pensare ai piccoli che aspettano il suo ritorno. Allo stesso modo, se riuscite a fissare la vostra mente su Dio mentre siete impegnati ad agire nel mondo, conseguirete facilmente la beatitudine.

68

Quando regalate un mazzo di fiori a un'amica, siete voi a provare la gioia del donare e siete anche i primi a godere della bellezza e del profumo dei fiori. Allo stesso modo, quando ci dedichiamo al benessere degli altri, la nostra mente ne trae beneficio purificandosi. La vera felicità proviene dalle azioni altruistiche.

69

Per ricordare Dio, dovete vivere assolutamente e pienamente nel momento presente, dimenticando il passato e il futuro. Questo genere di dimenticanza vi aiuterà a rallentare l'attività della mente e a percepire la beatitudine della meditazione. La vera meditazione pone fine a ogni dolore. Il passato è solo nella mente, e proprio la mente è la fonte di tutte le nostre sofferenze. Man mano che si lasciano andare il passato e la mente, si dimora nella pura beatitudine del Sé, o Dio.

70

Figli, la meditazione è imparare a morire in beatitudine. Così come festeggiamo i compleanni, lasciamo che la morte e il morire diventino dei momenti di grande celebrazione e beatitudine. Attraverso la meditazione, imparerete a liberarvi dei vostri attaccamenti e appigli alla vita. L'intera esistenza dovrebbe essere una preparazione a una morte felice perché solo chi intende affrontare la morte con gioia può vivere una vita felice.

71

Voi non siete delle pozze d'acqua stagnante sempre più sporca, ma fiumi che scorrono per il bene del mondo. Non siete nati per soffrire, ma per conoscere la beatitudine. Confluendo nel fiume, l'acqua si purifica; se finisse nella fogna, sarebbe sempre più inquinata. La fogna rappresenta l'atteggiamento egoistico di io e di mio, mentre il fiume è Dio. Figli, rifugiandoci in Dio assaporeremo una gioia e una pace interiore che saranno di beneficio al mondo.

72

Guardate gli uccellini che vivono vicino a uno stagno: non sanno di avere le ali e non vogliono volare alti nel cielo né gustare il nettare dei fiori sugli alberi vicini. Si accontentano della melma dello stagno, ma se si librassero nel cielo e assaggiassero il nettare non ritornerebbero più a vivere nel fango. Allo stesso modo, molte persone trascorrono tutta la vita inconsapevoli della loro vera essenza e della beatitudine che si prova amando Dio.

73

Potete scrivere volumi interi sulla spiritualità, comporre bellissime poesie o cantare canti melodiosi a riguardo. Potete parlare per ore della spiritualità usando un linguaggio accattivante e fiorito, ma se non fate l'esperienza diretta della sua bellezza e beatitudine, la spiritualità vi sarà sempre sconosciuta.

74

Non è possibile descrivere lo yoga a parole. Lo yoga è l'unione del jivatman (l'anima individuale) con il Paramatman (il Sé supremo). Proprio come non è possibile spiegare la dolcezza del miele, così è impossibile descrivere la bellezza di questa unione.

75

Quando si diventa zucchero, non rimane altro che la dolcezza. Allo stesso modo, quando si assume il ruolo di puro testimone, esiste solo la beatitudine.

76

Il cammino della bhakti (devozione) offre un grande vantaggio: seguendolo, si consegue subito la beatitudine e questo incoraggia l'aspirante spirituale a proseguire nella sadhana (pratica spirituale). Seguendo altre vie, come il pranayama (il controllo del respiro), la beatitudine può essere raggiunta solo alla fine. Proprio come si possono già cogliere i frutti che spuntano alla base dell'albero del pane, così la bhakti dà i suoi frutti sin dall'inizio.

77

La dolcezza e la beatitudine che ci offre una devozione priva di desideri sono uniche. Sebbene l'Advaita (lo stato di non dualità) sia la Verità ultima, a volte la Madre ha l'impressione che tutto sia privo di senso e preferirebbe essere solo una bambina innocente di fronte a Dio.

78

Figli, la dolcezza e la beatitudine che si provano cantando la gloria del Signore sono un'esperienza indescrivibile e unica. Non c'è nessun dubbio sul profondo e completo appagamento che dona il cantare il nome del Signore. Ecco perché anche coloro che hanno raggiunto lo stato più elevato scendono di nuovo per cantare la Sua gloria con l'atteggiamento del devoto.

79

Figli, pregate e piangete quando pensate al Divino. Nessun'altra sadhana vi darà la beatitudine dell'amore divino quanto le preghiere sincere a Dio. Chiamate Dio in tutta semplicità e lasciate che questo appello nasca dal profondo del cuore, come il pianto di un bambino che ha fame o vuole essere preso in braccio e coccolato dalla madre. Chiamate il Divino con la stessa innocenza e intensità, piangete e invocateLo e Lui si rivelerà a voi: non potrà restare silenzioso e impassibile se qualcuno Lo chiama in questo modo.

80

Il tormento interiore che nasce dall'ardente desiderio di vedere Dio non è sofferenza ma beatitudine. Lo stato a cui si perviene chiamando e versando lacrime struggendosi per Dio è simile alla beatitudine dello yogi in samadhi. Piangere per Dio non è affatto una debolezza della mente, al contrario ci aiuta a conseguire la beatitudine suprema.

81

Le lacrime versate pensando a Dio sono di gran lunga superiori a quelle versate desiderando piaceri futili ed effimeri. Mentre la felicità che ci dà il mondo dura solo pochi istanti, la beatitudine che si prova nel ricordare Dio è eterna.

82

Un vero devoto smette di nutrire l'ego e di ascoltare l'intelletto e rivolge la sua attenzione solo al suo cuore. Morire al proprio ego è la vera morte e dona l'immortalità. La morte dell'ego porta all'assenza di morte perché, quando l'ego muore, si vive per sempre nella beatitudine.

83

La meditazione è l'ambrosia che rimuove l'ego e conduce a uno stato di annullamento della mente. Una volta trascesa la mente, la sofferenza cessa. La meditazione aiuta a vedere tutto come un piacevole gioco e così ogni esperienza, compreso il momento della morte, può diventare piena di beatitudine.

84

La nascita e la morte sono i due eventi più intensi della vita. Durante queste due cruciali esperienze, l'ego passa all'ultimo posto e perde il suo potere. Quando diventate consapevoli che la nascita e la morte non sono né l'inizio né la fine, la vita diventa infinitamente bella e gioiosa.

85

È il pensiero che la morte distruggerà i vostri beni e attaccamenti, tutto ciò a cui vi aggrappate, a causare paura e sofferenza. Il dolore è provocato dall'attaccamento. Se soltanto riusciste ad abbandonare ogni appiglio, la sofferenza legata alla morte si trasformerebbe in un'esperienza di beatitudine.

86

In verità, la morte non è un fenomeno naturale: lo è per il corpo ma non per il Sé, che è la nostra vera natura. Anche il dolore è innaturale perché il nostro stato naturale è la gioia. Tuttavia, sembra che l'uomo sia ansioso di abbracciare la morte e la sofferenza: ha dimenticato come sorridere. Solo quando attingerete alla gioia dell'Atman, potrete sorridere veramente.

87

Quando siete in grado di riconoscere la Verità, nulla sembra sconosciuto o insolito, l'intero universo vi è familiare e sorridete sempre, non solo ogni tanto. La vostra vita diventa un grande sorriso. Sorridete in ogni momento e in ogni circostanza, non solo nei momenti piacevoli, ma anche in quelli dolorosi. Potete perfino sorridere alla morte.

88

L'amore e la libertà non sono separati ma un tutt'uno. Sono interdipendenti. Senza amore non può esserci libertà e senza libertà non può esserci amore. Solo quando avrete sradicato tutta la vostra negatività potrete godere della libertà eterna. È soltanto nello stato di puro amore che il bel fiore profumato della libertà e della beatitudine suprema si può schiudere e sbocciare.

89

Il nostro tempo qui è limitato. Siate come la farfalla che vive solo una settimana: diffondete gioia ad ogni istante! Se siamo riusciti a donare gioia a un'anima, anche se solo per un attimo, la nostra vita sarà benedetta.

90

Lo stato di jivanmukti (la realizzazione del Sé) è la più alta vetta dell'esistenza umana, una condizione in cui si fa l'esperienza di una costante e perenne beatitudine pur dimorando ancora nel corpo. In questa condizione, il corpo è solo una gabbia per l'anima perché si è sempre consapevoli che il Sé non è il corpo. Coloro che conoscono l'Infinito, che hanno realizzato la Verità, non soffrono, ma provano solo beatitudine.

91

Dopo aver realizzato il Sé, alcuni esseri si fondono nell'eternità e, avendo raggiunto quello stato supremo, pochi di loro tornano indietro. Chi vorrebbe mai tornare indietro dopo essere entrato nell'oceano di beatitudine? Solo pochissimi sono in grado di fare il sankalpa, la risoluzione, di scendere dallo stato in cui si trovano. Tale sankalpa è fatto di compassione, amore e desiderio di servire con abnegazione quest'umanità sofferente.

92

I Mahatma possono accordare una benedizione che neppure Dio può dare. Dio è senza forma e senza nome; non può essere visto. I Mahatma rendono reale l'esistenza di Dio e benedicono le persone offrendo loro un'esperienza tangibile del Divino. In loro presenza, è possibile sentire e fare l'esperienza di Dio. I Mahatma compiono il sacrificio più grande: lasciare la dimora della beatitudine suprema per vivere tra persone comuni, come una di loro, pur permanendo in uno stato di eterna unione.

93

Non abbiamo nulla da offrire a quelli che sono disposti a sacrificare la propria vita per il bene del mondo, è solo per mezzo della loro grazia che possiamo ricevere il dono unico della realizzazione di Dio. Non possiamo far altro che prostrarci in tutta umiltà e provare verso di loro una gratitudine immensa perché sono scesi fino a noi per aiutarci a evolvere. Questi maestri spirituali ci guidano verso la beatitudine suprema, in cui essi stessi risiedono in eterno.

94

Un Mahatma, o Satguru, ha trasceso ogni vasana (tendenza negativa innata) attraverso il controllo dei desideri e dei moti della mente. Questo gli permette di sorridere con tutto il cuore e di godere della sua posizione di testimone di tutto quello che accade. Poiché i Mahatma sono la fonte della beatitudine e della gioia eterna, la fede nel Satguru aiuta a essere veramente felici e appagati e può rendere la nostra vita una festosa celebrazione.

95

Celebrare è dimenticare se stessi. Ogni celebrazione si basa sulla fede che il Sé individuale e la Coscienza che sottende l'universo sono la stessa cosa. Quando l'amore e la compassione riempiono il nostro cuore, ogni momento è sempre nuovo e non ci si annoia mai. Quando siamo sempre entusiasti e felici e ci abbandoniamo a Dio, la vita diventa una beata celebrazione.

96

Proprio come una goccia d'acqua cade nel mare e si dissolve nella sua immensità, così il devoto si tuffa nell'oceano della beatitudine mentre si offre all'esistenza. Annegando in questo oceano d'amore, vive sempre nell'amore. Totalmente consumata dall'amore divino, la sua esistenza individuale svanisce perché egli si fonde nella totalità dell'amore e diventa un'offerta d'amore al suo Signore. In questo stato d'amore puro, ogni paura, preoccupazione, attaccamento e afflizione scompare.

97

La spiritualità è la capacità di affrontare ogni ostacolo nella vita con un sorriso. Avendo abbandonato tutte le cose al suo amato Signore, un vero devoto è sempre in uno stato d'animo gioioso e beato.

98

In un vero devoto, tutte le divisioni e i conflitti sono cessati e non c'è posto per l'odio o per la collera. Ai suoi occhi, chi lo odia e chi lo ama sono uguali, e considera non solo l'amore ma anche l'odio come prasad (benedizione di Dio). Un vero devoto considera prasad sia il bene che il male.

99

La beatitudine e l'appagamento sorgono dall'assenza di ego. È possibile giungere a tale stato attraverso la devozione, l'amore e il totale abbandono di sé al Signore Supremo. L'appagamento giunge solo quando ci abbandoniamo con un atteggiamento di completa accettazione, accogliendo con equanimità tutte le esperienze della vita.

100

A volte la Madre dice ai suoi figli: "La vostra felicità è il benessere della Madre. Non esiste altro benessere per la Madre". Figli, impegnatevi nel servizio disinteressato e nelle pratiche spirituali senza perdere tempo e fate così l'esperienza della vera beatitudine. Il vostro tempo è prezioso, andate dunque avanti con consapevolezza e prudenza verso la meta: la Verità, la Coscienza e la Beatitudine.

101

Chi dimora presso Dio conosce una beatitudine che abbraccia ogni cosa. Quando pervenite a questo stato, tutte le esperienze, come il dolore e la felicità, gli insulti e gli elogi, il caldo e il freddo, la nascita e la morte, vi passano attraverso: voi rimanete al di là di tutto questo, come "colui che fa l'esperienza", il sostrato stesso di ogni esperienza, e osservate ogni cosa come un bambino spensierato.

102

Tutto il creato è nella gioia. Le stelle brillano nel cielo, i fiumi scorrono beati, le fronde degli alberi danzano al vento e gli uccelli cantano. Dovreste chiedervi: "Perché sono così triste pur essendo immerso in questa gioiosa celebrazione?" Continuate a farvi questa domanda e scoprirete che la risposta è che i fiori, le stelle, i fiumi, gli alberi e gli uccelli non hanno ego, quindi niente può ferirli. Quando siete privi di ego, potete solo gioire.

103

Figli, quando l'innocenza si risveglia nel nostro cuore, permettendoci di vedere ogni cosa nella sua luce, c'è solo beatitudine.

104

Riappropriatevi del mondo innocente e beato del bambino, pieno di sole e di risate. Dobbiamo svegliare il bambino assopito dentro di noi, altrimenti non potremo crescere. Solo i bambini possono crescere. È bene trascorrere un po' di tempo con loro; ci insegneranno a credere, ad amare e a giocare. I bambini ci aiutano a sorridere dal profondo del cuore e a mantenere la meraviglia negli occhi.

105

Quando i vostri occhi sanno vedere oltre il passato, il presente e il futuro per scorgere la Realtà immutabile dietro tutte le esperienze mutevoli, potete solo sorridere. Anche i vostri occhi sorrideranno, non soltanto le labbra. Tutti i grandi Maestri hanno negli occhi un sorriso straordinario; gli occhi di Krishna erano sorridenti. Guardate Kali mentre danza sul petto di Shiva: nonostante abbia un aspetto terrificante, c'è un sorriso nei Suoi occhi, il sorriso della beatitudine dell'onniscienza. Contemplando la beatitudine della Realtà, i vostri occhi irradieranno pura gioia.

106

Quando Amma è venuta al mondo, nulla le sembrava sconosciuto o strano, ogni cosa le era completamente familiare. Quando si conosce tutto del mondo, non si può fare altro che sorridere. Quando si vede l'intero universo come un gioco beato della Coscienza divina, come si potrebbe fare altrimenti?

107

Diventando consapevoli di non essere il corpo ma la Coscienza suprema, vi risveglierete e capirete che questo sogno del mondo e tutte le esperienze che vi accadono sono soltanto un gioco beato. Riderete guardando questo meraviglioso gioco della Coscienza divina. Come un bambino che ride nel guardare i colori dell'arcobaleno e ammira felice questo spettacolo con occhi pieni di meraviglia, così vi ritroverete a ridere di gioia.

108

O Spirito Divino, mi vedi quaggiù? Possano le Tue mani di stelle riempirmi di grazia, dandomi la forza di ricordarTi sempre e il dolore d'invocarTi costantemente. Tu sei il mio unico rifugio e conforto. Così beato, così bello è il Tuo mondo divino! Elevami fino al Tuo regno di un milione di stelle scintillanti!

www.ingramcontent.com/pod-product-compliance
Lightning Source LLC
Chambersburg PA
CBHW070609050426
42450CB00011B/3030